CAHIER DES CHARGES GÉNÉRALES

DU 24 FÉVRIER 1908

pour la fourniture, au service de l'artillerie, des laitons en bandes destinés à la fabrication des étuis de cartouches.

(Mis à jour au 1er janvier 1917.)

PARIS

Henri CHARLES-LAVAUZELLE

Éditeur militaire

124, Boulevard Saint-Germain, 124

MÊME MAISON A LIMOGES

RÉPUBLIQUE FRANÇAISE

MINISTÈRE DE LA GUERRE.

Direction de l'Artillerie; Bureau du Matériel. — N° 31.

Cahier des charges générales pour la fourniture, au service de l'artillerie, des laitons en bandes destinés à la fabrication des étuis de cartouches.

Documents abrogés : *Néant.*

Classement : *Volume n° 20 du Bulletin officiel, édition méthodique, page 164.*

Paris, le 24 février 1908.

TITRE Ier.

Laiton destiné à la fabrication des étuis de cartouches modèles 1886 M et D.

Article 1er.

MATIÈRES PREMIÈRES.

§ 1er. *Titre du laiton.* — Le laiton destiné à la fabrication des étuis modèles 1886 M et D, sera composé en poids de :

67 parties de cuivre ;
33 parties de zinc ;

avec une tolérance qui pourra atteindre 0,6 en plus ou en moins sur chacun des deux métaux composants.

§ 2. *Matières neuves admises dans la fabrication.* — Les seuls cuivres neufs qui pourront être employés sont :

1° Le cuivre pur obtenu par voie galvanique (1);
2° Le cuivre d'Australie, dit Vallaroo;

---

(1) Le total des matières étrangères contenues dans le cuivre obtenu par voie galvanique ne doit pas dépasser 0,2 0/0.

3° Les cuivres des Lacs supérieurs des marques suivantes :

Hecla et Calumet, marque C et H-MC° ;
Tamarack-Osceola, marque T.O.L.S.
Tamarack, marque T-MC° ou TLS (1) ;
Osceola, marque O. C-MC° ou OLS (1) ;
Atlantic, marque A-MC° ;
Franklin, marque F-MC° ;
Quincy, marque Q-MC° ;

4° Le cuivre de la compagnie française des métaux, de la marque CFM extra, si la teneur en cuivre atteint : 99,8 p. 100 (2).

Les zincs neufs auront les provenances suivantes :

1° Zincs de la Vieille-Montagne, de la marque extra-pur ou de la marque MXXXII ;
2° Zinc pur obtenu par voie galvanique ;
3° Zinc de la compagnie royale asturienne R. C. A. Refinado ;
4° Zinc de provenance américaine portant la marque : Sterling ;
5° Zinc marque « Cerf A », si la teneur en zinc atteint 99,8 p. 100 (2) ;
6° Zinc marque B.D.S., si la teneur en zinc atteint 99,8 p. 100 (2) ;
7° Zinc marque G. D. L. (2).

§ 3. *Échantillons témoins.* — Des échantillons de chacun des métaux des différentes marques énumérées ci-dessus seront déposés au laboratoire de la section technique de l'artillerie, à Paris, pour servir de témoins.

§ 4. *Proportion des déchets dont l'emploi est autorisé.* — Des déchets de laiton à étuis (mitraille) pourront entrer dans le chargement des creusets pour un poids qui ne sera jamais supérieur à 55 p. 100 du poids total dudit chargement.

§ 5. *Nature des déchets dont l'emploi est autorisé.* — La mitraille employée se composera exclusivement :

1° De riblons de 1re catégorie provenant du découpage des flans pour étuis dans les cartoucheries de l'État ;
2° De déchets de laiton obtenus dans l'usine du fournisseur au courant de la fabrication du laiton spécial pour étuis, abstraction

---

(1) Pour les cuivres portant les marques TLS, OLS (marques apposées à froid), un certificat d'origine sera exigé des fournisseurs.
(2) Pour chaque fourniture, un échantillon devra être envoyé par le service des forges à la section technique de l'artillerie, à fin d'analyse.

faite des scories de fusion et des déchets de grattage ou de rabotage.

§ 6. *Précautions à prendre pour la conservation des matières à employer.* — Dans chaque usine, les métaux et mitraille destinés à la fabrication du laiton pour étuis sont enfermés dans un magasin spécial, muni de deux serrures différentes.

La clef de l'une de ces serrures restera entre les mains du fournisseur, la clef de l'autre sera conservée par le contrôleur.

§ 7. *Analyse éventuelle des matières employées.* — Toutes les fois qu'il en sera requis, le fournisseur devra envoyer les quantités convenables de chacun des métaux destinés à la fabrication du laiton au laboratoire de la section technique de l'artillerie où on les soumettra à une analyse comparative.

§ 8. *Analyse éventuelle du laiton fabriqué.* — L'État se réserve le droit, quand un lot de laiton aura donné aux épreuves prescrites par les paragraphes 3 et 4 de l'article 6 du présent cahier des charges des résultats trop voisins des minima, de faire analyser un échantillon du métal.

Le lot sera rejeté si l'analyse décèle plus de 0,45 p. 100 de matières étrangères, ou si une même matière étrangère y entre pour la moitié de ce taux.

Les analyses des laitons dont il s'agit seront effectuées par l'atelier de construction de Puteaux. Des contre-analyses pourront être exécutées, sur la demande du fournisseur, par les soins de la section technique de l'artillerie.

§ 9. *Provenance des matières premières.* — On admettra les produits étrangers en ce qui concerne les cuivres et zincs entrant dans la composition du laiton.

Article 2.

CONDITIONS DE FABRICATION ET DE RÉCEPTION.

§ 1er. *Corroyage et traitement du laiton.* — Les bandes de laiton proviendront de lingots ayant des dimensions telles que, pour arriver à l'épaisseur finale, trois laminages au moins, suivis chacun d'un recuit, soient nécessaires. Dans tous les cas, la plus petite dimension du lingot de coulée ne sera jamais inférieure à 20^{mm}.

§ 2. *Chute des lingots.* — Le poids de la massclotte sera au moins le cinquième du poids total du lingot.

§ 3. *Dimensions des bandes.* — L'épaisseur des bandes prêtes à être livrées sera de $4^{mm}\left\{\begin{array}{l}+\ 0,0\\-\ 0,05\end{array}\right\}$, leur largeur de $150^{mm} \pm 0,5$. Elles auront une longueur supérieure à $1^m,30$.

§ 4. *Dressage des bandes.* — Les bandes seront suffisamment dressées pour pouvoir s'appliquer suivant toute leur longueur, et sans effort, sur une surface plane horizontale.

Elles auront une forme rectangulaire, et leurs bords nettement coupés seront bien d'équerre.

§ 5. *État des surfaces.* — Les bandes seront exemptes de toute tache de cuivre ou d'oxydation; elles ne présenteront ni doublures, ni pailles, ni gerçures, ni criques, ni piqûres ou cendrures.

§ 6. *Conditions mécaniques auxquelles le laiton doit satisfaire.* — Prêt à être expédié, le laiton devra présenter une résistance à la traction (r) supérieure à 30 kilogr. 600 par millimètre carré, mais atteignant au plus 34 kilogr. avec un allongement (l) au moins égal à 57 p. 100, sans que jamais, pour un même barreau, la somme de quinze fois la charge (r) et de six fois l'allongement pour cent (l) soit inférieure à 812 :

$$15\,r + 6\,l \geqq 812.$$

Article 3.

SURVEILLANCE DE LA FABRICATION.

Le service des forges est chargé de la surveillance de la fabrication et de la réception provisoire du laiton dans les usines de l'industrie privée.

Le fournisseur devra recevoir dans son usine les officiers et employés de l'artillerie désignés par le Ministre de la guerre pour suivre ou surveiller sa fabrication.

Il devra leur donner toutes les facilités possibles pour accomplir leur mission. Notamment, ils auront libre accès à toute heure dans tous les ateliers où s'exécutent des opérations relatives au laiton pour étuis.

Un employé du service des forges sera détaché dans chaque usine pour en contrôler la fabrication et les produits.

Il assistera au dosage des matières pour chaque coulée et procédera à la réception des bandes comme il est dit plus loin.

Il s'assurera que le fournisseur fait vérifier lui-même toutes les bandes avant de les présenter à son examen.

Le soumissionnaire devra fournir au contrôleur un local servant de bureau, où ce dernier pourra tenir ses écritures et serrer ses instruments vérificateurs.

Il devra lui fournir, en outre, pour ses vérifications, une table spéciale.

Cette table porte six tasseaux en bois dont les espacements sont indiqués par le contrôleur qui a soin de les vérifier. Le tasseau extrême de gauche est à ressaut.

Article 4.

RÉCEPTION DES PRODUITS FINIS.

Le laiton en bandes sera soumis à deux séries d'épreuves :

1° Épreuves faites à l'usine par le contrôleur du service des forges et comprenant la visite des surfaces, la vérification des dimensions et le prélèvement des lamettes destinées aux essais;

2° Épreuves faites par les établissements de l'artillerie et comprenant deux séries successives d'essais de traction et une épreuve de découpage des flans.

Article 5.

ÉPREUVES FAITES A L'USINE.

§ 1ᵉʳ. *Présentation des bandes en recette.* — Les bandes prêtes à être livrées seront soumises à la vérification par fractions représentant la production d'une journée de travail à l'usine.

Ces bandes seront examinées une à une par le contrôleur.

Le soumissionnaire devra mettre à sa disposition le nombre de manœuvres dont il aura besoin pour faire ses vérifications.

Le contrôleur surseoira à sa vérification et renverra à la vérification de l'usine tout lot dans lequel il aurait à rebuter plus d'une bande sur cinq, au courant de l'examen des cinquante premières.

§ 2. *Importance des lots de réception.* — Les bandes marquées du poinçon de recette seront immédiatement mises en châssis. Le poids de ces châssis peut être quelconque, mais, pour les essais ultérieurs, un lot sera composé d'un nombre entier de châssis, tel que le poids total soit compris entre 4,500 et 5,000 kilogr. sauf la réserve indiquée à l'article 7.

§ 3. *Marques de rebut.* — Le contrôleur rebutera et marquera de son poinçon spécial de rebut toute bande qui ne satisfera pas aux conditions énoncées à l'article 2, paragraphes 3, 4 et 5. Les marques de rebut seront apposées à $0^m,75$ les unes des autres sur la ligne joignant les milieux des deux petits côtés de la bande.

§ 4. *Vérification de l'épaisseur.* — Pour vérifier l'épaisseur des bandes, le contrôleur aura un calibre présentant deux intervalles réglables, l'un pour le minimum de $3^{mm},95$, l'autre pour le maximum de 4^{mm}. Au début de chaque séance de travail, il réglera l'écartement des intervalles de son calibre, à l'aide d'un vérificateur du calibre formé d'une lame d'acier ayant d'un côté $3^{mm},95$, et de l'autre côté 4^{mm} d'épaisseur.

L'épaisseur sera mesurée *au moins* en trois points par bande, et sur des côtés différents. La bande sera refusée si, en un point quelconque, elle passe en frottant légèrement dans l'intervalle minimum du calibre ou si elle ne pénètre pas librement dans l'intervalle maximum.

Si le contrôleur juge qu'une bande n'a pas, dans les parties que son calibre ne peut explorer, les épaisseurs voulues, il devra la faire couper transversalement pour s'en assurer.

§ 5. *Vérification de la largeur.* — Pour vérifier la largeur, le contrôleur se servira d'un gabarit dont les entailles maximum et minimum différeront entre elles de 1^{mm}.

La bande sera refusée si l'entaille maximum ne la reçoit pas, ou bien si l'entaille minimum la reçoit sur plus d'un point.

§ 6. *Vérification de la longueur.* — En ce qui concerne la longueur, il pourra accepter jusqu'à 5 p. 100 en poids de bandes ayant une longueur inférieure à $1^m,30$, mais toujours supérieure à 1 mètre.

Ces bandes seront toutes réunies dans le même châssis pour être expédiées à part.

§ 7. *Prélèvement des lamettes d'essai.* — Dès qu'un lot sera complet, le contrôleur y prendra au hasard dix bandes dans chacune desquelles il fera découper une lamette de 157×14^{mm}. Ces lamettes seront utilisées pour les épreuves de traction, ainsi qui est dit ci-après à l'article 6.

Article 6.

ÉPREUVES FAITES PAR LES ÉTABLISSEMENTS DE L'ARTILLERIE.

§ 1er. *Distinction entre les deux degrés d'épreuves de traction.* — Chaque lot devra subir à l'atelier de construction de Puteaux deux épreuves successives de traction. La première aura lieu après l'acceptation provisoire du lot par le contrôleur (essais du premier degré). La seconde aura lieu lorsque, la première ayant été favorable, le lot sera parvenu à l'atelier de fabrication chargé de l'employer (essais du deuxième degré).

§ 2. *Préparation des barreaux d'essai.* — Les barreaux sur lesquels seront faites les épreuves de traction auront la forme et les dimensions de la figure 1, c'est-à-dire 6ᵐᵐ de large et 100ᵐᵐ entre repères.

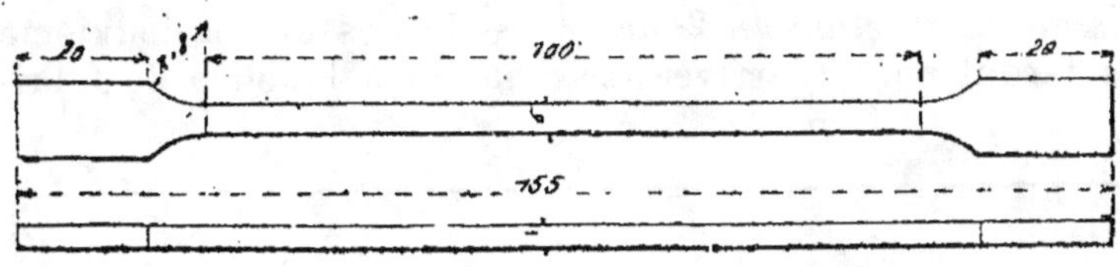

Fig. 1.

L'épaisseur étant celle de la bande, la section du barreau est de $S = 4 \times 6 = 24^{mm2}$.

Les barreaux sont découpés dans les lamettes définies à l'article 5 ci-dessus. L'usinage est fait par l'atelier de construction de Puteaux à l'aide d'une machine spéciale. Il peut également être fait par le fournisseur, s'il le demande.

Dans ce cas, le travail est exécuté dans un local mis à la disposition du service des forges, sous la surveillance du contrôleur attaché à l'usine qui vérifie les dimensions du barreau d'après les gabarits qui lui sont fournis.

§ 3. *Essais de traction du 1er degré.* — Les essais du 1er degré se feront sur les dix barreaux tirés des dix lamettes par lot prélevées par le contrôleur; ils décideront si le fournisseur expédiera ou non le lot.

Procès-verbal de ces essais sera adressé au fournisseur, par l'intermédiaire de l'inspecteur des forges de l'arrondissement où est située l'usine productrice.

Le lot sera expédié si les conditions prescrites au paragraphe 6 de l'article 2 sont remplies.

Dans le cas où ces conditions ne seraient pas remplies pour un seul barreau, le fournisseur sera autorisé à procéder à un remaniement du lot pour en éliminer les bandes défectueuses.

Les essais de traction pour le lot remanié se feront, comme il vient d'être dit, sur dix barreaux tirés de dix lamettes prélevées sur dix bandes prises au hasard dans le lot.

Le lot sera expédié si les conditions prescrites sont remplies, sinon il sera refusé définitivement.

En cas de refus, le contrôleur annulera immédiatement son poinçon de recette sur les bandes du lot refusé, en mettant le poinçon de rebut en travers sur le premier.

Il pourra, en outre, s'il le juge à propos, apposer son poinçon de rebut sur toutes les bandes, à des intervalles de $0^m,75$, sur la ligne joignant les milieux des deux petits côtés de la bande.

§ 4. *Essais de traction du 2ᵉ degré*. — Les essais du deuxième degré se feront après l'arrivée des châssis à l'atelier de fabrication.

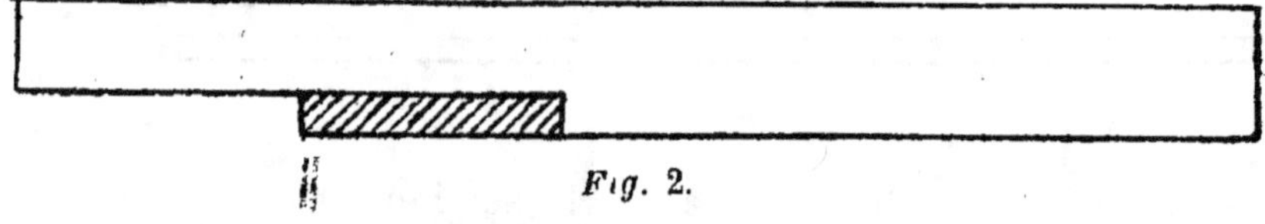

Fig. 2.

Celui-ci prendra d'abord une lamette dans cinq quelconques des dix bandes numérotées, à côté de l'endroit où aura été découpée la lamette pour l'essai du premier degré (voir fig. 2).

Il découpera ensuite une lamette dans cinq autres bandes prises au hasard, et dans chaque bande en un point quelconque.

Les dix lamettes auront les mêmes dimensions que celles qui servent à l'essai du 1ᵉʳ degré. Elles seront expédiées à l'atelier de construction de Puteaux, qui vérifiera leur épaisseur et les marquera d'un poinçon spécial. Elles seront ensuite transformées en barreaux dans les conditions indiquées au paragraphe 2 ci-dessus, soit par l'atelier de construction de Puteaux, soit par le fournisseur.

Les dix barreaux devront satisfaire aux conditions du paragraphe 6 de l'article 2 ; en outre, les cinq premiers barreaux devront donner des résultats en concordance avec les résultats de l'essai au 1ᵉʳ degré.

Le lot sera refusé dans les mêmes conditions que pour le premier degré.

§ 5. *Contre-essais éventuels.* — Un contre-essai pourra être accordé au fournisseur lorsqu'aux essais de 2e degré un seul barreau aura donné des résultats insuffisants, et que les résultats des neufs autres barreaux seront nettement supérieurs aux conditions imposées.

Les contre-essais éventuels seront effectués, dans tous les cas, par la section technique de l'artillerie.

Le contre-essai portera sur vingt barreaux. L'atelier de construction de Puteaux fixera, s'il le juge utile, les bandes dans lesquelles devront être découpées les lamettes devant servir au contre-essai.

Lorsqu'un fournisseur croira devoir demander un contre-essai, il adressera sa demande à l'inspecteur des forges, qui la transmettra à l'atelier de construction de Puteaux et à la section technique de l'artillerie.

Les résultats des essais faits par l'atelier de construction de Puteaux et des contre-essais faits par la section technique de l'artillerie seront considérés comme définitifs.

Toutefois, il pourra être accordé un contre-essai, en dehors du cas spécifié ci-dessus, si le fournisseur, ayant usé de son droit d'assister aux opérations, démontre que les épreuves faites en sa présence sont entachées d'erreur.

Le contre-essai serait, en cette circonstance spéciale, ordonné par le Ministre sur le vu de la réclamation du fournisseur et exécuté par la section technique de l'artillerie; il serait fait dans les mêmes conditions que l'essai incriminé, les barreaux étant découpés dans les mêmes bandes et à la suite des premiers.

§ 6. *Épreuve de découpage des flans.* — Un lot qui aura subi tous les essais de traction ne sera définitivement reçu que s'il satisfait à l'épreuve suivante, faite dans l'établissement auquel il aura été expédié.

Cinquante bandes prises au hasard seront présentées successivement à la machine à cinq culots et l'on découpera dans chacune d'elles dix flans (1) à l'une des extrémités. L'examen de ces flans sera fait au moyen d'une loupe achromatique, principalement sur la tranche et sur la partie bombée, près du bord. On devra obtenir au plus :

1 p. 100 de flans présentant des doublures, cendrures, pailles ou criques;

---

(1) Quatorze, dans le cas où l'atelier emploie une machine à sept culots.

2 p. 100 de flans présentant de fortes granulations sur la partie bombée.

Dans le cas où l'atelier de fabrication trouverait dans un lot plus de 1 p. 100 de bandes ne satisfaisant pas aux conditions de dimensions et d'homogénéité, un triage serait effectué au compte du fournisseur. Les bandes défectueuses lui seraient retournées, à charge par lui de les remplacer sans frais pour l'État.

§ 7. *Communication aux fournisseurs des résultats des essais de traction du 2e degré et de l'épaisseur de découpage.* — Un procès-verbal des essais de traction du 2e degré et des épreuves de découpage, notifiant acceptation ou refus du lot, sera établi par l'atelier de fabrication et adressé au fournisseur par l'intermédiaire de l'inspecteur des forges intéressé.

Cette pièce mentionnera le nombre de bandes à remplacer, en exécution de la clause insérée au paragraphe précédent, et indiquera la somme à rembourser par le fournisseur pour le triage des bandes défectueuses.

§ 8. *Marques à apposer sur les produits rebutés.* — Les bandes faisant retour à l'usine (lots rebutés et bandes défectueuses) sont traitées par le contrôleur comme il est dit aux deux derniers alinéas du paragraphe 3 ci-dessus.

Article 7.

FRACTIONNEMENT DES LIVRAISONS. — LOT D'APPOINT.

Chaque livraison se composera d'un nombre entier de lots établis dans les conditions stipulées au paragraphe 2 de l'article 5, sauf la dernière où le lot d'appoint pourra avoir un poids quelconque inférieur à 4,500 kilogr. Quel que soit d'ailleurs le poids de ce lot, il sera traité au point de vue des essais absolument comme s'il était de 5,000 kilogr.

Article 8.

APPELS.

Les fournisseurs ne seront pas admis à former appel, devant les commissions d'appel, des décisions relatives aux rejets.

Article 9.

EXPÉDITION. — EMBALLAGE.

Les frais d'emballage des lots sont à la charge du fournisseur ainsi que les frais de retour des châssis refusés.

Dans le cas de marchés par conversion, les riblons de deuxième catégorie seront emballés, par les soins de l'établissement livrancier, dans des récipients fournis en temps opportun par le titulaire du marché, si ce dernier le juge nécessaire.

Article 10.

CONDITIONS D'ADMISSION DES SOUMISSIONNAIRES.

Sont seuls appelés à la concurrence, pour les fournitures des laitons en bandes destinés à la fabrication des étuis de cartouches, les industriels dont les produits ont été reconnus satisfaisants.

Lorsqu'un industriel désire participer à ces fournitures, il en adresse la demande au Ministre par l'intermédiaire du service des forges.

Le laiton qu'il peut fabriquer est alors soumis aux épreuves prévues par l'instruction du 24 février 1908 sur les essais à effectuer en vue de reconnaitre si un laiton peut être admis pour la fabrication des étuis de cartouches.

Un exemplaire de cette instruction sera mis à la disposition des industriels qui en feront la demande au service des forges.

TITRE II.

Laitons destinés à la fabrication des étuis de cartouches modèles 1873-90 et modèle 1892 pour revolvers.

______

Article 11.

CONDITIONS DE FABRICATION, DE RÉCEPTION ET D'EXPÉDITION.

Sauf les différences relatives aux dimensions des bandes et aux épreuves de résistance spécifiées aux articles 12 et 13 ci-après, les fournitures de laitons destinés à la fabrication des étuis de cartouches modèle 1873-90 et modèle 1892 sont soumises à toutes les conditions indiquées au titre Ier du présent cahier des charges générales.

Article 12.

DIMENSIONS DES BANDES.

L'épaisseur des bandes prêtes à être livrées sera de :

2^{mm} (laiton pour cartouches modèle 1873-90).

Où 2^{mm},7 (laiton pour cartouches modèle 1892).

Leur largeur sera fixée par le marché.

Leur longueur sera au moins égale à 1^m,20.

Pour vérifier l'épaisseur des bandes, le contrôleur emploie un calibre présentant deux encoches :

L'une, minimum de { 1^{mm},98 (laiton pour cartouches, modèle 1873-90 ; { 2^{mm},69 (laiton pour cartouches, modèle 1892) :

L'autre, maximum de { 2^{mm},03 (laiton pour cartouches, modèle 1873-90) ; { 2^{mm},72 (laiton pour cartouches, modèle 1892).

Article 13.

ÉPREUVES DE TRACTION.

Prêt à être expédié, le laiton devra présenter une résistance à la traction (r) au moins égale à :

30 k. 200 par ^{mm2} (laiton pour cartouches modèle 1873-90) ;

30 k. 600 par ^{mm2} (laiton pour cartouches modèle 1892), avec un allongement (l) supérieur à :

57,5 p. 100 (laiton pour cartouches modèle 1873-90) ;

53 p. 100 (laiton pour cartouches modèle 1892), sans que jamais, pour un même barreau, le minimun d'allongement soit allié au minimum de charge de rupture.

Les barreaux sur lesquels les épreuves seront faites auront la forme et les dimensions de la figure 3 ci-après, c'est-à-dire 8^{mm} de largeur et 100^{mm} entre les repères.

L'épaisseur sera celle de la bande; par suite, la section (s) du barreau sera :

$2 \times 8 = 16^{mm2}$ (laiton pour cartouches modèle 1873-90) ;
$2,7 \times 8 = 21,6^{mm2}$ (laiton pour cartouches modèle 1892).

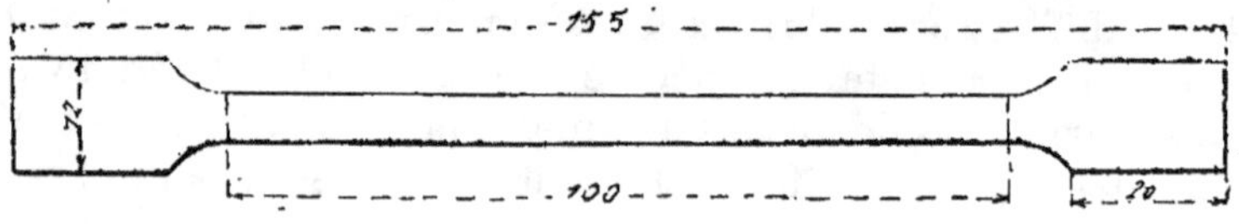

Fig. 3.

On se conformera pour la préparation des barreaux d'épreuves aux prescriptions du paragraphe 2 de l'article 6 du titre Ier.

Les essais du premier degré se font sur les dix barreaux tirés des dix lamettes par lot prélevées par le contrôleur ; ils servent à décider si le fournisseur expédiera ou non le lot.

Le lot sera expédié si, les conditions prescrites au paragraphe 6 de l'article 2 étant remplies, l'on obtient en faisant pour chaque barreau la somme (18 r +- 4 l) un nombre atteignant 780 :

$$18\,r + 4\,l \geqq 780.$$

Les essais du deuxième degré se feront de la manière qui est indiquée au paragraphe 4 de l'article 6 du titre Ier, mais les conditions à remplir sont celles indiquées ci-dessus pour les essais du premier degré.

Les épreuves de découpage des flans se font dans les conditions indiquées au paragraphe 6 de l'article 6 du titre Ier.

ANNEXE.

Marques distinctives des usines productrices de laiton en bandes pour étuis de cartouches d'armes portatives.

LISTE DES FOURNISSEURS ADMIS A SOUMISSIONNER.	USINES PRODUCTRICES DE LAITON EN BANDES.	MARQUES DIS-TINCTIVES.
Compagnie française des mé-taux, à Paris..............	Castelsarrasin (Tarn-et-Ga-ronne).....................	C
	Sérifontaine (Oise).............	S
Société anonyme des tréfileries et laminoirs du Havre (anciens établissements Lazare Weiler et Société coopérative de Ru-gles réunis)................	Rugles (Eure)................	R
Société anonyme des mines et fonderies de Ponigibaud, à Paris......................	Couëron (Loire Inférieure).....	P
Société d'électro-métallurgie de Dives, à Paris...............	Dives (Calvados)..............	D
Compagnie générale d'électri-cité (établissements Mouchel), à Paris...................	Tillières-sur-Avre (Eure)......	M
Société anonyme des fonderies et laminoirs de Biache-Saint-Vaast, à Paris..........	Biache-Saint-Vaast (Pas-de-Ca-lais).....................	V
Baraquey-Fouquet et Cie, à Paris....	Chagny (Eure)..........	C Y
Marcel Bassot et Cie, 14, rue de Turenne, à Paris...........	Harfleur................... .	B A

TABLE DES MATIÈRES

TITRE Ier.

LAITON DESTINÉ A LA FABRICATION DES ÉTUIS DE CARTOUCHES MODÈLES 1886 M ET D.

TITRE II.

LAITONS DESTINÉS A LA FABRICATION DES ÉTUIS DE CARTOUCHES MODÈLE 1873-90 ET MODÈLE 1892 POUR REVOLVERS.

ANNEXE.

Instruction spéciale pour l'application du cahier des charges générales concernant la fourniture, au service de l'artillerie, des laitons en bandes destinés à la fabrication des étuis de cartouches (1).

Les prescriptions de la présente instruction complètent, à l'usage des établissements de l'artillerie et du service des forges, celles du cahier des charges générales.

Les numéros des articles et paragraphes de l'instruction sont la reproduction de ceux du cahier des charges ainsi complétés.

Article 1er.

§ 1er. — Le dosage des charges des creusets doit se faire chaque jour en présence du contrôleur. Cet employé prend note de la proportion de mitraille entrant dans le chargement du creuset.

Les charges nécessaires pour une journée de travail sont placées, à la fonderie, dans des caisses ou sur des rayons compartimentés, et le contrôleur s'assure, par des tournées fréquentes, qu'elles sont employées intégralement et sans modifications.

§ 2. — Il veille à ce que les métaux employés portent les marques prescrites.

§ 5. — Il se rend compte, avec le plus grand soin, de la provenance de la mitraille employée au chargement des creusets.

---

(1) La présente instruction et le cahier des charges générales auquel elle s'applique annulent et remplacent :

1° L'instruction du 21 janvier 1893 pour la fourniture des laitons destinés à la fabrication des étuis modèle 1886 M ;

2° L'instruction du 21 janvier 1893 pour guider les employés du service des forges dans l'application de l'instruction du 21 janvier 1893 pour la fourniture des laitons destinés à la fabrication des étuis modèle 1886 M ;

3° L'instruction du 21 janvier 1893 pour l'application, dans les établissements de l'artillerie, des conditions de réception des laitons destinés à la fabrication des étuis modèle 1886 M ;

4° L'instruction du 27 décembre 1886 pour la réception du laiton destiné à la fabrication des étuis pour cartouches modèle 1873 ;

5° L'instruction du 27 décembre 1886 pour guider les employés de l'artillerie dans l'application des nouvelles conditions de réception des laitons destinés à la fabrication des étuis.

6° L'instruction du 27 octobre 1890 pour la réception des laitons destinés à la fabrication des cartouches modèle 1873-90.

§ 6. — Rien ne doit entrer dans le magasin spécial ni en sortir hors de sa présence.

Le contrôleur tient un registre des entrées et sorties des métaux et mitraille du magasin spécial; ce registre (modèle n° 1) est divisé en trois parties : cuivre, zinc, mitraille.

Le contrôleur inscrit dans la colonne « Observations » du tableau des sorties, en regard de l'indication de la commande à laquelle se rapportent les sorties, la proportion de mitraille mise au creuset.

§ 7. — En ce qui concerne les cuivres et les zincs galvaniques, qui doivent être en plaques cathodes, non refondues, toutes les fois qu'une nouvelle fourniture entre en magasin, le contrôleur doit envoyer un échantillon pour être analysé à la section technique; il ne laisse employer le cuivre et le zinc que lorsque le résultat de l'analyse a été communiqué et que le métal a été déclaré acceptable.

Cet échantillon sera formé d'un fragment de 200 grammes environ, pris par le contrôleur lui-même, sur un lingot, au hasard.

Pour le cuivre C F M et le zinc Cerf A extra, il sera procédé de la même façon.

Pour les autres marques de métaux et pour la mitraille, le contrôleur doit envoyer des échantillons à l'analyse toutes les fois qu'il a le moindre doute sur leur provenance.

Article 2.

§ 1er. — Le lingot de coulée, pour pouvoir subir trois laminages, doit avoir une épaisseur d'au moins 20mm.

Le travail doit être à peu près également réparti entre les diverses passes; la dernière est plus faible.

On désigne par passe l'ensemble des laminages compris entre deux recuits successifs.

§ 2. — Le contrôleur s'assure, par de fréquentes pesées, que les masselottes ont bien le poids voulu. Il ne doit pas laisser mettre en œuvre les lingots dont la masselotte serait insuffisante, ou qui présenteraient des défauts de coulée.

§ 6. — Le contrôleur devra assister, autant que possible, à tous les essais de traction exécutés par le fournisseur pour son compte personnel

Article 3.

Le fournisseur ne peut refuser aucun renseignement sur ses procédés de fabrication; si le fait se produisait, le contrôleur en rendrait compte immédiatement et surseoirait à toute vérification des bandes fabriquées par des procédés tenus secrets en totalité ou en partie.

D'autre part, le contrôleur qui divulguerait des procédés de fabrication que sa position dans l'usine lui aurait permis de connaître, serait passible des peines disciplinaires les plus sévères.

Le contrôleur doit faire de fréquentes tournées dans les ateliers à des heures non fixées.

Il ne doit jamais s'ingérer dans la fabrication, et ne doit donner aucun avis; mais il est tenu de rendre compte immédiatement de toute modification apportée aux procédés habituels de fabrication de l'usine et de s'opposer à toute opération qui serait contraire à l'une quelconque des indications du cahier des charges.

Il surveille les vérifications faites par le fournisseur et contrôle ses calibres, principalement celui de l'épaisseur, à l'aide du vérificateur spécial. Il ne doit jamais confier ses instruments vérificateurs aux ouvriers ou employés de l'usine.

Le contrôleur tient sous clef, dans le bureau qui lui est fourni, les outils et instruments suivants :

1º Un palmer au 1/100 de millimètre;

2º Un pied à coulisse au 1/20 de millimètre;

3º Deux calibres pour vérifier l'épaisseur des bandes, conformes au tracé de la planche II;

4º Un vérificateur de ce calibre (voir planche II);

5º Deux calibres pour vérifier la largeur (voir planche II);

6º Un mètre pliant en laiton;

7º Une loupe achromatique à manche;

8º Une équerre en acier;

9º Un poinçon de recette (poinçon particulier du contrôleur);

10º Un poinçon de rebut (voir planche I);

11º Un jeu de chiffres en acier de 2^{mm} de haut, de 0 à 9;

12º Un jeu de lettres en acier de 2^{mm} de haut;

13º Un grattoir pour la vérification des défauts des bandes;

14º Un marteau.

Le poinçon de recette ne doit jamais rester à l'usine; le contrôleur doit l'emporter toutes les fois qu'il s'absente.

Avant de se servir d'un de ses calibres d'épaisseur, le contrôleur doit régler l'écartement des intervalles à l'aide du vérificateur de calibre. Il doit vérifier au cours des épreuves que cet écartement ne varie pas.

Toutes les fois qu'il juge qu'un de ses instruments de précision a besoin d'une réparation. si petite qu'elle soit, il l'envoie à l'officier sous les ordres duquel il est placé pour le faire échanger à l'atelier de précision de la section technique de l'artillerie.

Les instruments numérotés 1, 2, 3, 4, 5, 8, 9 et 10 devront provenir de l'atelier de précision.

Article 5.

§ 1er. — Le contrôleur a soin de faire mettre en lots séparés la production de chaque journée de travail de l'usine.

Aucune bande ne doit sortir de l'usine pour être livrée aux établissements de l'artillerie sans avoir passé par les mains du contrôleur et subi toutes les vérifications prescrites.

Le contrôleur marque de son poinçon de recette particulier, à l'un des angles, chacune des bandes qu'il a acceptées au fur et à mesure de la réception. Il n'attend pas pour cela d'en avoir vérifié un certain nombre. Le poinçon doit être apposé au fur et à mesure des vérifications, dans l'un des angles, de manière à ne pas compromettre le découpage des flans.

Chaque jour, le contrôleur demande au fournisseur le nombre d'hommes qui lui seront nécessaires pendant la journée du lendemain pour procéder aux épreuves de réception.

Au début de la vérification du produit d'une journée de travail de l'usine, le contrôleur prend les bandes un peu au hasard dans le lot. S'il a à rebuter plus d'une bande sur 5, au courant de l'examen des 50 premières bandes, il surseoit à toute vérification et renvoie le lot à l'usine pour y être vérifié à nouveau.

§ 2. — Les bandes reçues sont immédiatement placées sur un châssis; une fois le châssis complet et fermé, on marque un numéro à la peinture à l'huile sur le plateau supérieur. Ce numéro est également peint en grands caractères sur l'une des faces verticales du châssis, où les tranches des bandes sont dans le même plan.

Tous les châssis d'un même lot de 4,500 à 5,000 kilogr. reçoivent le même numéro.

§ 3. — Le poinçon de rebut doit être apposé, quand il y a lieu, sur la ligne joignant les milieux des deux petits côtés de la bande. Les empreintes du poinçon, dont le nombre ne saurait être fixé à l'avance, doivent être séparées par des intervalles de 0m,75. De cette manière, on ne pourrait les faire disparaître qu'en tronçonnant la bande, et les bandes courtes ainsi obtenues ne seraient pas acceptables, puisqu'elles auraient moins d'un mètre de longueur.

§§ 4, 5 et 6. — Le contrôleur fait des vérifications sur la table spéciale (planche I), dont il est question à l'article 3 du cahier des charges générales, et opère de la façon suivante :

Poser la bande à vérifier d'abord sur la table, en avant des tasseaux, pour s'assurer qu'elle est bien plane, puis sur les tasseaux en la retournant sens dessus dessous. Faire appuyer une de ses extrémités contre le ressaut du tasseau de gauche (n° 1); l'autre extrémité doit tomber quelque part après le tasseau n° 3.

Toutes les bandes dont l'extrémité libre ne dépasse pas la face droite du tasseau n° 3 sont rebutées.

Toutes celles dont l'extrémité libre tombe entre la face droite du tasseau n° 3 et la face droite du tasseau n° 4 sont mises de côté pour être expédiées à part (s'il n'y en a pas plus de 5 p. 100 en poids).

Enfin, les autres sont acceptées pour la longueur.

Pendant que la bande est sur la table, examiner, en s'aidant au besoin de la loupe, la face supérieure pour voir si elle satisfait aux prescriptions du paragraphe 5 de l'article 2 du cahier des charges générales. Dès qu'elle est sur les tasseaux, faire la même opération sur l'autre face.

Profiter du moment où on la retourne pour examiner attentivement les tranches, tant en bout que sur les grands côtés. C'est le seul moyen d'apercevoir les doublures qui constituent le défaut le plus fréquent et le plus nuisible à la fabrication des étuis. Comme le biseau produit par la cisaille peut masquer ces doublures, limer légèrement ce biseau, adoucir avec de la toile émeri, et, au besoin, employer un peu d'acide azotique étendu, au point où l'on soupçonnerait une doublure. On peut aussi faire apparaître les doublures en martelant la bande de champ.

L'épaisseur se vérifie pendant que la bande est sur les tasseaux; le contrôleur présente le calibre en autant de points qu'il le juge nécessaire, mais il ne doit jamais vérifier moins de trois points.

En outre, il ne doit jamais présenter le calibre sur moins de trois côtés de la bande, dont deux grands.

Si le contrôleur juge que, d'après les procédés de fabrication employés, ou d'après l'aspect d'une bande, il y a lieu de la couper pour mesurer son épaisseur, en un point quelconque, il doit le faire. La bande suspecte est coupée transversalement et, si son épaisseur n'est pas comprise dans les tolérances, elle est refusée. Dans le cas contraire, les deux morceaux, quelle qu'en soit la longueur, sont acceptés en sus du 5 p. 100 de bandes courtes et expédiés avec elles.

Pour permettre de reconnaitre les bandes courtes ainsi obtenues, le contrôleur y appose deux fois son poinçon de recette dans le même angle, les deux empreintes étant aussi rapprochées que possible, mais ne se superposant pas.

Dans l'emploi des calibres, ne pas perdre de vue que ces instruments doivent toujours recevoir les bandes librement et sans effort

§ 7. — Avant de fermer les châssis d'un lot et de les marquer comme il est dit plus haut (§ 2), le contrôleur y prend, au hasard, dix bandes qu'il numérote de 1 à 10, les chiffres étant placés à côté de l'empreinte du poinçon de recette.

Dans chacune de ces bandes, il fait découper en sa présence, dans un angle autre que celui qui porte le numéro et le poinçon de recette, une lamette ayant la forme et les dimensions indiquées figure 4.

Fig. 4.

Il porte sur les lamettes, à l'une des extrémités, le numéro de la bande dont elle sort et le numéro du lot correspondant; à l'autre extrémité, son poinçon de recette et la marque distinctive de l'usine productrice d'i laiton (1).

Toutes ces indications sont placées à 3 ou 4^{mm} des extrémités, comme sur la figure 5 qui représente une lamette découpée dans la 10ᵉ bande du lot n° 2 provenant de Biache-Saint-Vaast.

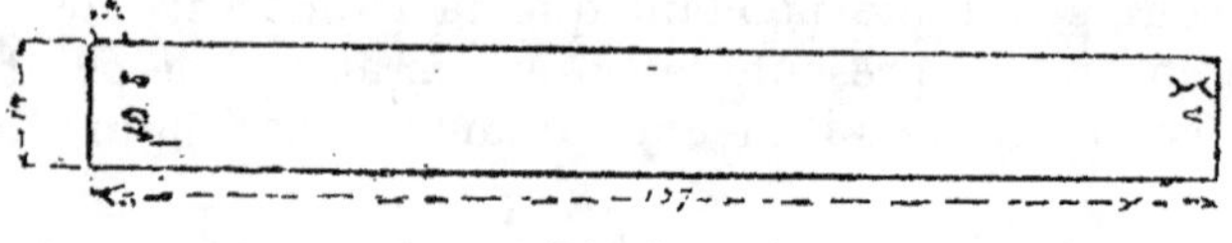

Fig. 5.

Lorsque le fournisseur procède à l'usinage des barreaux d'essai, le contrôleur surveille le travail qui s'exécute dans un local mis spécialement à sa disposition. Il s'assure à la fin des opérations que les marques apposées sur les barreaux n'ont pas été détériorées et que les dimensions des barreaux sont comprises dans les tolérances.

(1) Voir l'annexe au cahier des charges générales.

	DIMENSIONS.	TOLÉRANCES	
		en plus.	en moins.
Corps du barreau. (Epaisseur............	4	0	0.05
(Largeur............. ...	6	0,03	0.03
Tête .... (Longueur.............	20	0,2	0,2
(Largeur...............	12	0,1	0,1

Le contrôleur expédie aussitôt et sans intermédiaire les lamettes ou les barreaux à l'atelier de construction de Puteaux avec un papillon détaché du registre à souche modèle n° 2.

Le contrôleur tient un registre-journal de ses opérations (modèle n° 3); les inscriptions doivent y être faites tous les jours, à la fin du travail.

Article 6.

§ 3. — Un registre des expéditions, conforme au modèle n° 4, est tenu par le contrôleur qui commence une page spéciale pour l'exécution de chaque marché.

Le procès-verbal des essais du 1er degré (modèle n° 5), portant acceptation ou refus du lot, est adressé par l'atelier de construction de Puteaux à l'inspecteur des forges de l'arrondissement où est située l'usine, puis envoyé au contrôleur qui le communique au directeur de l'usine.

L'atelier de construction de Puteaux envoie ce procès-verbal dans les cinq jours qui suivent la réception des lamettes ou des barreaux, sauf le cas où, par application du paragraphe 8 de l'article 1er du cahier des charges générales, il y aurait lieu de faire procéder à l'analyse du laiton.

Dans ce cas, l'atelier de construction de Puteaux avise l'inspecteur des forges intéressé et procède à l'analyse de l'échantillon.

L'atelier de construction de Puteaux, sur le vu des résultats d'analyse, prononce l'acceptation ou le rebut du lot et ajoute, au procès-verbal des essais, les résultats donnés par l'analyse.

Le procès-verbal est ensuite transmis, dans les conditions indiquées ci-dessus, par l'atelier de construction de Puteaux, qui rend compte, en outre, de l'incident et de la solution intervenue au général inspecteur permanent des fabrications de l'artillerie.

L'échantillon à analyser par l'atelier de construction de Puteaux sera fourni par les deux barreaux ayant donné les plus mauvais résultats aux essais (environ 100 grammes de métal).

§ 4. — Dès l'arrivée d'un lot à l'atelier de fabrication, celui-ci recherchera les dix bandes dans lesquelles le contrôleur a découpé les lamettes.

Dans cinq d'entre elles, prises au hasard, on fera découper une lamette; quand un lot aura donné aux essais du premier degré des résultats voisins des limites inférieures admises, l'atelier de construction de Puteaux pourra désigner aux cartoucheries les numéros des bandes dans lesquelles les lamettes devront être prélevées.

A l'une des extrémités de chaque lamette, on inscrira le numéro de la bande dont elle provient, puis le numéro du lot suivi de la marque distinctive de l'usine productrice du laiton; à l'autre extrémité sera apposée la marque de l'atelier; ces inscriptions seront faites à 2^{mm} du bord.

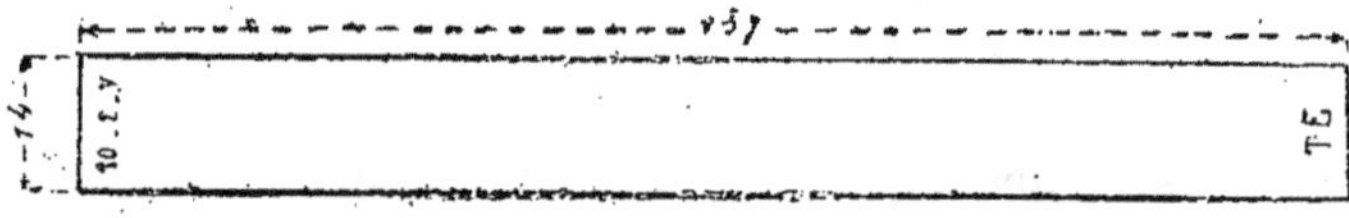

Fig. 6.

Par exemple, dans la lamette représentée figure 6, les inscriptions indiquent qu'elle sort de la bande n° 10 du lot n° 2, fourni par l'usine de Biache-Saint-Vaast, et qu'elle vient de l'atelier de Toulouse.

On prendra en outre cinq autres bandes au hasard qu'on numérotera de 11 à 15; dans chacune d'elles, on fera découper, dans le sens de la longueur, une lamette qui portera les mêmes indications que les précédentes, comme il est indiqué figure 7.

Fig. 7.

Les lamettes provenant d'un même lot seront expédiées à l'atelier de construction de Puteaux dans les huit jours qui suivront l'arrivée du lot.

On évitera avec le plus grand soin de faire subir aux lamettes toute déformation susceptible de modifier leurs propriétés élastiques, tels que chocs, flexion, torsion, etc.

En même temps que les lamettes, la cartoucherie expédiera à l'atelier de construction de Puteaux un bordereau d'envoi, détaché du registre à souche, conforme au modèle n° 6.

Ce bordereau lui sera renvoyé convenablement rempli dans les six jours qui suivront la réception des lamettes par l'atelier de Puteaux.

Aussitôt les lamettes reçues, l'atelier de construction de Puteaux vérifiera leur épaisseur et les marquera d'un poinçon spécial. Il procédera ensuite à leur transformation en barreaux d'épreuve et à l'essai de traction. Dans le cas où le fournisseur aura demandé à usiner les barreaux, il lui fera parvenir les lamettes par l'intermédiaire du service des forges. Les barreaux usinés lui seront ensuite renvoyés directement par le contrôleur.

Le service des essais institué à l'atelier de construction de Puteaux tiendra, pour chaque fournisseur, un registre conforme au modèle n° 7.

§ 5. — En cas de contre-essai, l'atelier de fabrication prélève les 20 lamettes qu'il doit expédier à la section technique de l'artillerie. 10 dans les bandes qui ont servi au premier essai et les 10 autres dans 10 bandes prises au hasard dans le lot et numérotées de 16 à 25.

Lorsqu'un refus sera prononcé à la suite d'un contre-essai, l'atelier de construction de Puteaux en rendra compte au général inspecteur permanent des fabrications de l'artillerie.

§ 6. — A la réception du bordereau portant acceptation du lot aux épreuves de traction, l'atelier intéressé procédera sans retard à l'épreuve de découpage des flans.

La vérification des bandes devra se faire de façon à être terminée en même temps que l'épreuve de découpage des flans.

Pour cette vérification, on prendra au hasard, autant de bandes qu'on le jugera nécessaire et on les vérifiera avec les instruments envoyés à cet effet par la section technique, savoir :

Calibre pour vérifier l'épaisseur, avec vérificateur de ce calibre (*planche II*).

Calibre pour vérifier la largeur (*planche II*).

§ 7. — L'envoi du procès-verbal suivra sans retard l'exécution des épreuves et vérifications qui précèdent.

Ce procès-verbal sera conforme au modèle n° 8.

Article 7.

Lorsqu'un marché est terminé, le contrôleur établit un rapport conforme au modèle n° 9 ; ce rapport est envoyé par l'officier chargé du service à l'inspecteur des forges qui en transmet une copie, à titre de renseignement, au directeur de l'atelier de construction de Puteaux.

Planche 1.

Table à tasseaux pour vérifier les bandes.

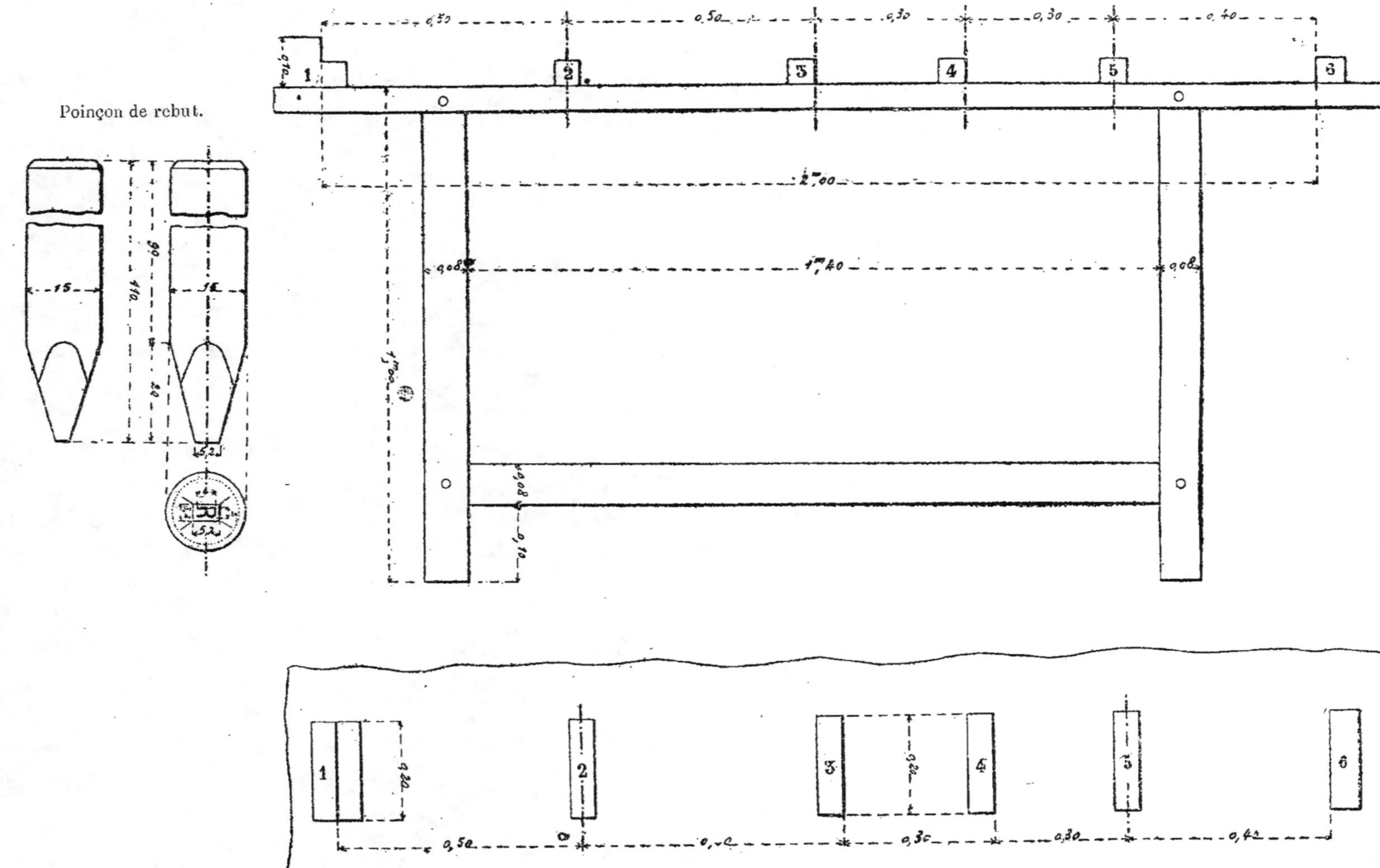

Planche II.

Calibre pour l'épaisseur de la bande $\frac{1}{1}$.

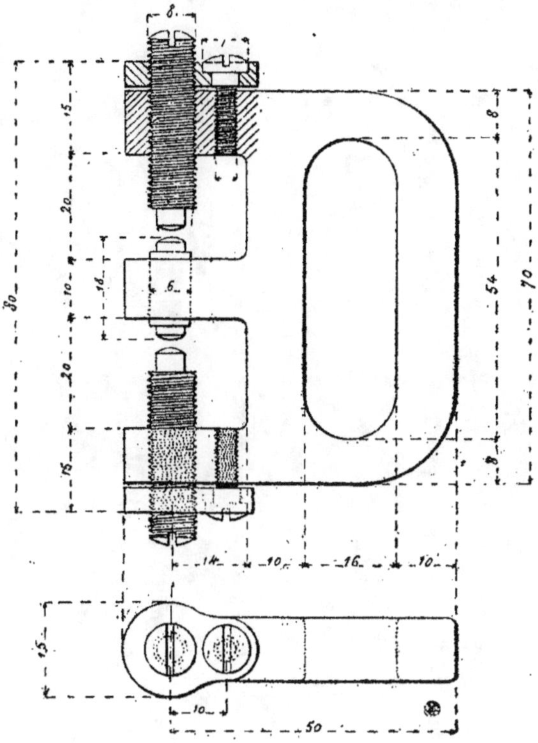

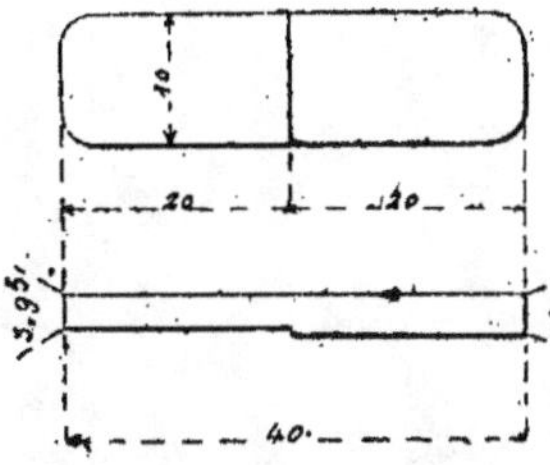

Vérificateur du calibre
de l'épaisseur.

Calibre pour la largeur de la bande $\frac{1}{1}$.

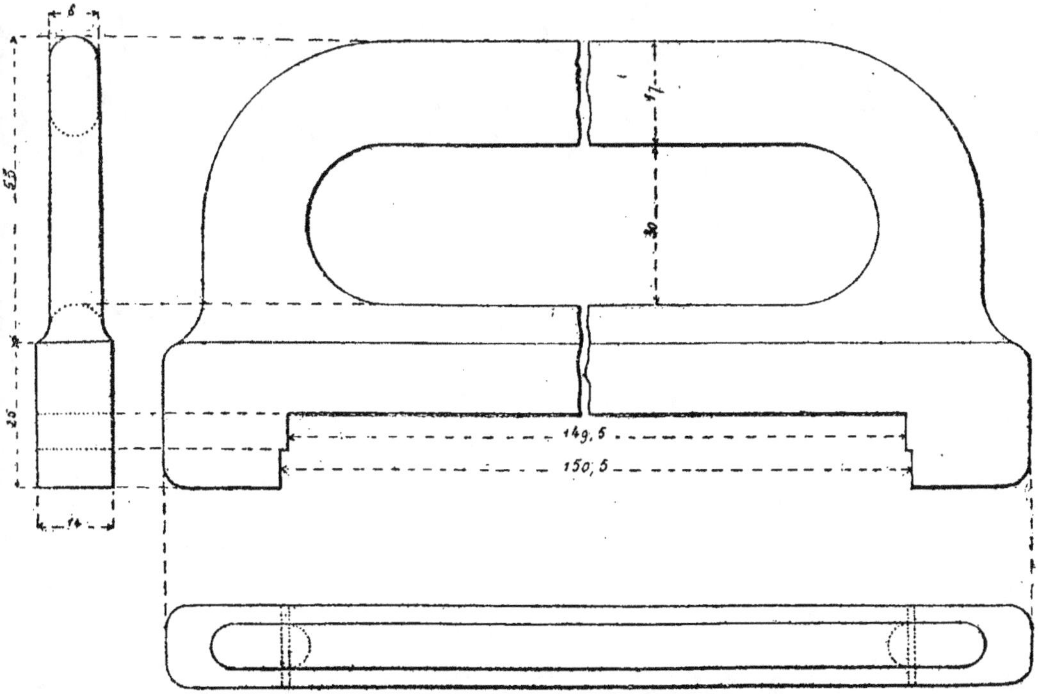

MODÈLE N° 1.

Format : 0^m,20 sur 0^m,31.

REGISTRE

des entrées et sorties des métaux et mitraille
employés à la fabrication des laitons pour étuis de cartouches,
à l'usine de

Le présent registre, contenant   feuillets, a été coté et paraphé par
nous   , Inspecteur des forges d

A   , le   19   .

(1)

(*Sur toutes*

ENTRÉES.

DATES des MOUVEMENTS.	POIDS.	NOMBRE de LINGOTS.	MARQUE.	PROVENANCE.	OBSERVATIONS. (2)

(1) Désignation du métal : cuivre, zinc ou mitraille.
(2) Indiquer dans cette colonne les envois à fin d'analyse et les résultats obtenus.

les pages.)

SORTIES.

DATES des MOUVEMENTS.	POIDS.	NOMBRE de LINGOTS.	EMPLOI (3).	OBSERVATIONS.

(3) Commande pour laquelle ont été utilisés les métaux.

Modèle N° 2.

Format : 0,m20 sur 0,m31.

USINE D

REGISTRE A SOUCHE

DES

ENVOIS DE LAMETTES PAR LE CONTROLEUR.

Le présent registre, contenant   feuillets, a été coté et paraphé par nous

des forges d

                        A   , le   19 .

                             , Inspecteur

Format : 0^m,20 sur 0^m,31.

MINISTÈRE DE LA GUERRE

Numéro..................................

Usine de..............................

Nombre de lamettes.... ....

Numéro du lot..... ....

Destination................................

Date de l'envoi........... ....

Date de la commande du service des forges.............................

Le Contrôleur,

(Sur toutes les pages, au recto seulement.)

Numéro...... ....

Date de l'envoi........................

Nombre de lamettes....................

Numéro du lot.......................

Destination................

Date de la commande....................

————

Résultat de l'essai ....

MODÈLE N° 3,

Format : 0ᵐ,20 sur 0ᵐ,31.

(Sur la 1ʳᵉ page)

REGISTRE-JOURNAL

du contrôle de la fabrication du laiton pour étuis,
d l'usine d

Le présent registre, contenant   feuillets, a été coté
et paraphé par nous,   , Inspecteur des forges
d

A   , le   19   .

(Sur toutes les autres pages, recto et verso.)

DATES des OPÉRATIONS.	POIDS DU LAITON		ATELIER AUQUEL il est destiné.	DATE de LA COMMANDE.	LAMETTES EXPÉDIÉES.		OBSERVATIONS.
	reçu.	rebuté.			Nombre	Numéro du lot.	
	kilogr.	kilogr.					
1er octobre 1906..	2.500	400	Bourges.	25 juillet 1906	10	1	
2 id..........	2.000	150	Id.	Id.......			
3 id..........	2.500	100	Valence.	Id.......	10	4	Ce lot a été refusé au 1ᵉʳ degré.
4 id..........	2.500	200	Id.	Id.......			
....							
....							
....							
....							
....							
....							
....							
....							
....							
....							
18 octobre 1906...	1.200	300	Puteaux.	3 août 1906...	»	»	

MODÈLE N° 4.

Format : 0^m,20 sur 0^m,31.

(Sur la 1re page.)

REGISTRE

des marchés et expéditions de laiton pour étuis,
à l'usine de

Le présent registre, contenant   feuillets, a été coté
et paraphé par nous,   , Inspecteur des forges
d

A   , le   19 .

(Sur toutes les autres pages, recto et verso)

DATES des EXPÉDITIONS.	POIDS par LOT.	NUMÉRO DU LOT.	LARGEUR DES BANDES.	DESTINA-TION.	DATE de la COMMANDE.	DATE DE L'ARRIVÉE du procès-verbal des essais du 1er degré.	DATE DE L'ARRIVÉE du procès-verbal des essais du 2e degré et des épreuves de découpage.	POIDS DE BANDES renvoyées par l'atelier	OBSERVA-TIONS.
	kilogr.								
15 juin 1906	4.500	1	108	Bourges	4 avril 1906	13 juin 1906	23 juin 1906	»	Lot accepté.
17 juin 1906	5.000	3	Id.	Id.	Id.	14 juin 1906	25 juin 1906	»	Refusé à l'atelier.
TOTAL..	50.000	commande terminée.							

ARTILLERIE

—

ATELIER DE CONSTRUCTION
DE PUTEAUX.

—

SERVICE DES ESSAIS.

—

Procès-verbal
de réception n°

MODÈLE N° 5.

Format : 0ᵐ,20 sur 0ᵐ,31.

Puteaux, le   19

Monsieur,

J'ai l'honneur de vous informer que les barreaux
du lot n°
destiné à la cartoucherie de
suivant marché de la commande du   19   ,
ont donné aux épreuves du 1ᵉʳ degré des résultats

En conséquence, ce lot est
Les charges de rupture par millimètre carré sont
comprises entre
et
Les allongements pour cent sont compris entre

et

Le Capitaine chargé des essais,

Vu :

Le   Directeur,

Monsieur l'Inspecteur des forges d
pour transmettre à Monsieur le Directeur de l'usine d

(*Recto de la 1re feuille.*)

MODÈLE N° 6.

FORMAT : 0^m,20 sur 0^m,31.

CARTOUCHERIE D

REGISTRE A SOUCHE

des envois de lamettes par l'atelier de fabrication à l'atelier
de construction de Puteaux.

Le présent registre, contenant   feuillets, a été coté et paraphé
par nous,   Directeur d

A   , le   19 .

(Recto de toutes les autres feuilles.)
(Rien sur le verso.)

Numéro..

Date de la commande du service des forges....

Nombre de lamettes envoyées.................

Numéro du lot..............................

Date de l'envoi des lamettes.................

Provenance du laiton........................

A   , le   19 .

Le Capitaine chargé du service,

Date à laquelle le bordereau a fait retour......

Il résulte des essais et des épreuves de fabrication que le lot n°   est.............

Date de l'envoi du présent procès-verbal à
l'inspecteur des forges d   ...

Nombre de bandes à remplacer.............

A   , le   19 .

MINISTÈRE DE LA GUERRE

Numéro.....................................

Cartoucherie de............................

Date de la commande du service des forges....

Nombre de lamettes envoyées.................

Numéro du lot..............................

Date de l'envoi des lamettes.................

Provenance du laiton........................

A   , le   19 .

Le Capitaine chargé du service,

Vu :

Le   Directeur,

Reçu les lamettes le   19 .

Il résulte des essais que le lot n°   est

Puteaux, le   19 .

Le Capitaine chargé du service,

Vu :

Le   Directeur
de l'atelier de construction de Puteaux.

(1ʳᵉ *page.*)

MODÈLE Nᵒ 7.

Format : 0ᵐ,20 sur 0ᵐ,31.

ATELIER DE CONSTRUCTION DE PUTEAUX.

REGISTRE

des essais de laiton provenant des usines d

Le présent registre, contenant   feuillets, a été coté et paraphé par nous,   , Directeur de l'atelier de construction de Puteaux.

A Puteaux, le   19   .

(*Sur toutes les pages,
recto et verso*).

CARTOUCHERIE D

Marché de la commande du
Numéro du lot :

DATE de L'ESSAI.	NUMÉROS DES BARREAUX.	LARGEUR.	ÉPAISSEUR.	CHARGE à la limite élastique		CHARGE à la rupture		LONGUEUR FINALE.	ALLONGEMENT POUR CENT.	15 r + 6 l.	ASPECT FINAL DU BARREAU.	OBSERVATIONS.
				totale.	par millimètre carré.	totale.	par millimètre carré.					
(26 lignes dans le tableau.)												

ARTILLERIE.

—

(Désigner l'établissement.)

—

CARTOUCHERIE

d

—

*Procès-verbal
de réception n°*

MODÈLE N° 8.

Format : 0^m,20 sur 0^m,31.

A   , le   19   .

Monsieur,

J'ai l'honneur de vous informer que les bandes du lot n°   expédié à la cartoucherie d
suivant marché de la commande du   19
ont donné aux essais du 2e degré des résultats   et aux épreuves de fabrication des résultats

En conséquence, ce lot est

Nombre de bandes à remplacer

Somme à rembourser par le fournisseur pour le triage des bandes défectueuses

Le Capitaine chargé du service, .

Vu :

Le   *Directeur,*

*Monsieur l'Inspecteur des forges d
pour remettre à Monsieur le Directeur de l'usine d*

Modèle Nᵒ 9.

Format : 0ᵐ,20 sur 0ᵐ,31.

RAPPORT DE FIN DE COMMANDE.

Usine de
Fourniture de   kilogrammes de laiton en
    bandes à
Commande du
Date de l'envoi des (1)   d'essai..
Date de la première expédition de laiton...
Date de la dernière expédition de (1).......
Date de la dernière expédition de laiton....
Date de la réception du dernier procès-verbal des essais à l'atelier de fabrication...
Poids des bandes refusées par le contrôleur.

Nombre
de
lots refusés
{
 aux essais du 1ᵉʳ degré......
 aux essais du 2ᵉ degré.......
 aux contre-essais............
 aux épreuves de découpage...

Poids de bandes renvoyées par l'atelier.....
Proportion de mitraille employée.........

         Fait à   , le   19 .

      Le (grade)   , *Contrôleur,*

        Vu :

Le Capitaine chargé du service,

---

(1) Lamelles ou barreaux.

*Instruction sur les essais à effectuer en vue de reconnaître :
1° si un laiton en bandes peut être admis pour la fabrication
des étuis de cartouches ; 2° si une nouvelle marque de cuivre ou de zinc peut être admise pour la fabrication des laitons en bandes pour étuis de cartouches.*

Ire PARTIE.

Essais d'un laiton en bandes pour étuis de cartouches.

But des essais.

Art. 1er. Tout industriel qui désire faire agréer ses laitons en bandes pour la fabrication des étuis de cartouches, en demande l'autorisation au Ministre de la guerre. Cette autorisation ne peut lui être accordée que si ses produits satisfont aux essais prescrits par la présente instruction.

Nature des essais.

Art. 2. Dès qu'un industriel a formulé sa demande, le Ministre lui fait envoyer, par la section technique de l'artillerie :

1° Un exemplaire du cahier des charges générales pour la fourniture des laitons en bandes destinés à la fabrication des étuis de cartouches ;

2° Un exemplaire de la présente instruction ;

3° A titre de prêt, un calibre vérificateur de l'épaisseur des bandes finies (maximum et minimum).

Art. 3. Les essais sont de deux sortes :

1° Essais préliminaires ;
2° Essais en grand.

Ils sont exécutés par l'atelier de construction de Puteaux.

Art. 4. Les essais préliminaires ont pour but à la fois d'aider le fournisseur dans ses tâtonnements et de permettre à l'artil-

---

Cette instruction annule et remplace celle du 18 mai 1897.

lerie de reconnaître si les essais en grand peuvent être utile-
ment entrepris.

Art. 5. Les essais en grand sont destinés à mettre en lumière
la qualité des laitons fabriqués industriellement, la puissance
de production des usines et la manière dont les laitons proposés
se comportent à la fabrication des étuis de cartouches.

Essais préliminaires.

Art. 6. Toutes les fois que, au courant de ses expériences de
coulée, de recuit et de laminage, l'industriel le juge nécessaire,
il envoie à l'atelier de construction de Puteaux dix lamettes
d'essai découpées, comme le prescrit le cahier des charges générales (art. 5, § 7).

Art. 7. L'atelier de construction de Puteaux transforme immédiatement ces lamettes en barreaux d'épreuve ayant la forme et
les dimensions prévues par le paragraphe 2 de l'article 6 dudit
cahier des charges générales. Il envoie sans retard le résultat
des essais de traction de ces barreaux à l'usine, avec une note
indiquant, le cas échéant, les raisons pour lesquelles les résultats ne sont pas satisfaisants : recuit irrégulier ou insuffisant,
métal brûlé, etc....

Art. 8. Si l'atelier de construction de Puteaux est amené à
supposer que le défaut de qualité observé provient d'un mauvais
dosage, il prélève et soumet à l'analyse les deux barreaux qui
ont donné les résultats les plus défectueux.

Art. 9. Dès qu'un essai de dix barreaux donne des chiffres
compris dans les tolérances de charge et d'allongement (art. 2,
§ 6 du cahier des charges générales), l'atelier de construction de
Puteaux informe le fournisseur d'avoir à lui envoyer, à titre gratuit, et sans frais pour l'Etat, environ 100 kilogr. de bandes aux
dimensions fixées par le cahier des charges générales (art. 2, § 3
ou art. 12). Parmi celles-ci, devront se trouver les dix bandes
correspondant au dernier essai de traction.

Art. 10. L'atelier de construction de Puteaux, considérant ces
100 kilogr. de bandes comme un prélèvement fait sur un châssis
à recevoir, les soumet à toutes les vérifications et épreuves prescrites par le cahier des charges générales.

Art. 11. Il prélève et soumet à l'analyse un échantillon de
métal.

Art. 12. Après avoir découpé deux ou quatre rangées de flans aux extrémités de chaque bande, il expédie au fournisseur :

1º Tous les flans présentant un défaut inacceptable ;

2º Toutes les bandes ayant des défauts apparents, tels que : pailles, cendrures, doublures, etc..., susceptibles de faire refuser les bandes au contrôle. Les défauts sont entourés d'un cercle de peinture ;

3º Un procès-verbal modèle nº 5, renfermant toutes les observations auxquelles ont donné lieu les bandes.

Art. 13. Les flans bons de service et les bandes non renvoyées sont employés à faire des étuis avec l'outillage courant (environ 5,000). Ceux de ces étuis qui n'auront pas été tirés seront tous classés aux « Manufactures ».

Art. 14. L'ensemble des résultats obtenus dans ces essais préliminaires fait l'objet d'un rapport spécial, auquel sont joints les extraits du registre modèle nº 7 relatifs à ces essais.

Art. 15. Le Ministre décide s'il y a lieu de procéder, soit à un nouvel essai préliminaire, soit à un essai en grand. Dans le cas où il est décidé de procéder à un essai en grand, le Ministre en informe le service des forges, ainsi que l'atelier de construction de Puteaux, et fixe l'initiale qui doit être employée provisoirement pour marquer les lamettes et les étuis provenant du laiton à essayer.

Essais en grand.

Art. 16. Le service des forges soumet à l'approbation ministérielle un marché de gré à gré pour la fourniture de 20,000 kilogr. de laiton en bandes, à livrer par l'industriel dans les conditions fixées par le cahier des charges générales et dans un délai maximum de deux mois. Le prix de la fourniture d'essai sera le prix moyen de la dernière fourniture faite au Département de la guerre.

Art. 17. Aussitôt le marché approuvé, un *ouvrier d'état* du service des forges (à l'exclusion de tout autre sous-officier ou maître ouvrier) est détaché dans l'usine où doit s'exécuter la commande pour en assurer la surveillance. Il reçoit un exemplaire de la présente instruction. Son premier soin sera de faire renvoyer à la section technique de l'artillerie le calibre de l'épaisseur des bandes mis à la disposition du fournisseur.

Art. 18. Cet employé devra avoir déjà surveillé des fournitures de l'espèce; dans le cas contraire, il est envoyé préalablement à l'atelier de laminage de l'Ecole de pyrotechnie, où il fait un stage de quinze jours pleins.

Art. 19. L'atelier de construction de Puteaux transforme les 20,000 kilogr. de laiton en étuis, et note très exactement, pour chaque châssis, la proportion de déchets aux diverses opérations. Pour aucun châssis, le total des rebuts ne devra dépasser de plus de 1 p. 100 le maximum obtenu dans la fabrication courante des douze mois précédents. La moyenne générale des déchets de la fourniture d'essai ne devra pas être supérieure de plus de 2 p. 100 à la moyenne d'une année.

Les étuis sont immédiatement chargés.

Art. 20. L'atelier de construction de Puteaux fait connaître dans un rapport la manière dont le marché a été exécuté, en tenant compte à la fois de la qualité de la fourniture et des délais de livraison.

Art. 21. La commission de réception des cartouches de Vincennes fournit un rapport spécial sur la vérification de l'ensemble des lots d'étuis et de cartouches fabriqués avec les 20,000 kilogr. de laiton.

Art. 22. Le service des forges adresse au Ministre, dès que la commande est terminée, une note détaillée faisant connaître :

1° La puissance de production de l'usine ou des usines de l'industriel;

2° La proportion des déchets de toutes sortes à laquelle auront donné lieu la fabrication et la vérification des 20,000 kilogr. de bandes.

Art. 23. Sur le vu de ces trois documents, le Ministre prononce :

Soit l'admission de l'industriel au nombre de ceux qui sont autorisés à soumissionner pour la fourniture des laitons à cartouches;

Soit le rejet de la demande formulée par ledit industriel; dans ce cas, sur une nouvelle demande du fournisseur, le Ministre pourra autoriser, s'il y a lieu, une contre-épreuve des essais en grand, qui se fera dans les mêmes conditions que l'épreuve primitive, et qui sera définitive.

IIe PARTIE.

Essais d'une nouvelle marque de cuivre ou de zinc pour la fabrication du laiton en bandes pour étuis de cartouches.

But des essais.

Art. 24. Tout industriel qui désire faire agréer une marque de cuivre ou de zinc pour la fabrication des étuis de cartouches, en demande l'autorisation au Ministre de la guerre. Cette autorisation ne peut lui être accordée que si le métal présenté satisfait aux essais indiqués ci-après.

Nature des essais.

Art. 25. Les essais sont de deux sortes :

1° Essais préliminaires ;
2° Essais en grand.

Ils sont exécutés à Bourges, par l'atelier de construction et par l'École centrale de pyrotechnie.

Ils ne diffèrent que par la quantité de métal mis en œuvre. Cette quantité est de 300 kilogr. de cuivre ou de 160 kilogr. de zinc pour les essais préliminaires ; de 10,000 kilogr. de cuivre ou de 5,000 kilogr. de zinc pour les essais en grand.

Art. 26. Il n'est procédé aux essais en grand que si les essais préliminaires ont donné un résultat satisfaisant.

Essais préliminaires.

Art. 27. La quantité de métal fixée pour les essais à l'article 25 est adressée à l'atelier de construction de Bourges par le fournisseur. Pour les essais préliminaires, cette livraison est faite à titre gratuit et sans frais pour l'État.

Art. 28. L'atelier de construction prélève sur le métal reçu un échantillon qu'il envoie à la section technique de l'artillerie pour y être analysé.

Art. 29. Le métal ne doit pas avoir une pureté inférieure aux marques admises. Le total des matières étrangères ne doit pas dépasser 0,2 p. 100.

Art. 30. Le métal livré est employé dans la proportion habituelle, sans mélange d'aucune marque, à la confection de laiton au dosage 67/33.

Art. 31. Le laiton est ensuite laminé par l'École de pyrotechnie aux dimensions ordinaires des bandes de laiton à cartouches. Il est enfin transformé en étuis.

Art. 32. L'atelier de construction et l'École de pyrotechnie notent aux différentes phases des essais les rendements obtenus et les consignent dans un procès-verbal sur lequel sont mentionnés toutes leurs observations et leur avis au sujet de l'admission du métal.

Art. 33. Les procès-verbaux relatifs aux essais sont adressés au Ministre qui décide s'il y a lieu de procéder, soit à un nouvel essai préliminaire, soit à un essai en grand, ou prononce l'admission ou le rejet de la marque proposée.

Essais en grand.

Art. 34. Dans le cas où il est décidé de procéder à un essai en grand, le Ministre en informe le service des forges, ainsi que les établissements de Bourges.

Art. 35. Le service des forges soumet à l'approbation ministérielle un marché de gré à gré pour la fourniture de la quantité de métal fixée pour les essais en grand, à livrer par l'industriel dans les conditions du cahier des charges générales et dans un délai maximun de deux mois. Le prix de la fourniture d'essai sera le prix moyen de la dernière fourniture faite au Département de la guerre.

Le Sous-Secrétaire d'État
au ministère de la guerre,

Henry CHÉRON.

Paris et Limoges. — Imprimerie militaire CHARLES-LAVAUZELLE.

Imprimerie militaire
Henri CHARLES-LAVAUZELLE
PARIS ET LIMOGES